JN425027

사랑하는 것에는 이름이 있다

김상문 시집

시인의 말

그간 서툴게 살아오면서
삐뚤 빼뚤 남긴 글들을
몇몇 모아 시집으로 묶으면서
참 부끄럽다는 말과 함께
낯설은 '시집살이'를 생각한다.

간간이 못다 한 말들과
하고 싶은 말들도 있지 않을까
친 어머니를 많이 그리워할 것 같다.
시 어머니께도 많이 사랑받고 싶다.

2012. 12.

김상문

차례

산 · 들 · 강 · 바다

사랑하는 것에는 이름이 있다

비워두는 의자

산 · 들 · 강 · 바다

산

모든 것이
살아 숨쉬고 있다
식물과 동물
짐승과 사람
산자와 죽은자
정과 기
영과 혼이
만나 자맥질한다
휘휘 손갈퀴에 집히는데도
투명하게 빛으로 흐른다
그리고 가득
소리가 있다
와글대다가 황소울음 같이
길게 끄는 정작 들리지 않는
이명이 있다

금강산

살아서 여는 길을
죽어서 닫는 길을
뉘라서 닫고 열어
이제야 오게 했나

할아비 얼쌌던 품안
뾰족한 표정으로
돌들이 모두 일어섰다
나무도 꼿꼿하다
거른 아비의 몫까지
바라 우러러 보거늘
바깥 고움이
찾는 속정만 하랴

피를 말리고 살을 갈라
뼛속까지 시리게 한 이름
금강 봉래 풍악 개골
후벼파 깊이 새겼으니
해마다 철마다
일만이천 올려볼 때마다
금수강산 아름나라 함께
더럽힌 더러운 그 이름도
더럽게 오래 남기는 하겠다

중국황산

산은 겹겹
돌은 첩첩
솔은 청청
길도 층층
사람도 총총
끝도 없는 돌계단 수만개
받침도 없는 허공다리
밑도 없는 낭떠러지
난간마다 열쇠없이 마음 잠근 연심쇠
없는 것도 많고
가마꾼 짐꾼 검게 익은 어깨 위
매달린 대나무채 낭창낭창
입에서 코에서 숨소리 헉헉
이래 저래 벌어지는 입들
있는 것도 많다

돌이 산째로 뿌리와 줄기를 이루고
사이 사이 소나무는 가지로 돋았다
웅크리고 닫고 솟고 뻗치고
내리고 지르고 떨치고 사리고
뫼따라 골따라 세월도 길게 늘여서
수놓은 땀땀 촘촘하고 빽빽하다

중국 안휘성
이산 저산 다 모여들어
옛 이름은 이산(移山)이었다가
욕심 많은 당나라 임금이 황산이라 했나는네
천만의 말씀 세계 모두의 산이라고
세계유산으로 정하여 공표했다고
어쩌다 내 귀까지 닿아
현충일 이은 날로 길을 놓았다

높거나 깊거나 길거나 크거나
넓거나 많거나 빽빽하고 울긋불긋해도
감당 못할 만큼 넘쳐서 입이 벌어져도
좁은 가슴까지 닿고 들어 벅차지 않으면
한치 눈앞으로 다가와 채워지지 않는다
우리의 금강처럼 돌도 나무도
사랑으로 다가가지 않는다면

나무

토라지지 않고
훌쩍 자리 뜨지 않고
만져서 보드랍고 싱싱한
곱고 향내 나는 친구
있어 좋지 않으랴
살 안 부비며 살 못 느끼며
살 수 있으랴
살아 있음은 살아 있음을
찾으며 살지

발 달려 떠-남인데
묻고 함께 살자
매 달려 울 사람
곁에서 꽃피울 나무
두고-두고 친구 하며 살자

나무이야기

나무가 서있습니다
둥치를 뽐내며 버티고 서있습니다
굵은 가지 잔 가지를 여럿 거느리고
낱낱이 잎들을 붙들어 부리고 있습니다
혹시 모를 앞날도 염려해 우듬지 하나는
마음먹고 뒤를 대어 키우고 있습니다
뿌리들은 땅속에 따로 감춰두고 단물을 빨고 있습니다
잎들과는 모르는 사이로 지내라고
한사코 멀리 떼어 놓습니다
붙들고 매달려서 잎들을 기두고
먹이고 살리고 있다 합니다

잎들은 파르르 떱니다
수군 수군거립니다
오히려 떨치지를 못하고 매이고 달리어
힘들게 벌어 먹여 살리고 있다 푸념합니다
한여름 뙤약볕에서도 견디며 참고 일하고 있다 합니다
수런대다가 얼굴들이 다 붉어졌습니다
그러면 그만 인연을 끊자 합니다
바람이 부추기는 어느 날
한꺼번에 손을 놓고 등을 돌립니다

막상 뛰어 내리고 보니
왠지 허전하고 막막하고
아무도 다시 손을 잡자 하지를 않습니다
아무도 다시 보아 주마 하지도 않습니다
함께했던 잎들마저 서로 남남이 되었습니다
엉겁결에 천덕꾸러기가 되고 서럽습니다
뿌리 언저리에 업디어 울먹입니다
붙들어줘야 겨우 설 수도 있는 주제에
빈둥빈둥 허우대만 멀쩡한 주제에
바득바득 저 혼자서만 나무라는데
드러내지도 않고 가만히 견디기만 하는
까닭이 무언가요
너도 나도 함께 한 나무라서지

나무라며 말한다

알콩달콩 알뜰살뜰
알량꼴량 알탕갈탕
아둥바둥 아웅다웅
죽자사자 산다는데
산다는 것이 무엇이냐고
살아도 가고 죽어도 가는
산길을 막고 묻습니다

나무는 나무라며 말합니다
기대려 말고 발딱 일어서거라
아무데나 쓸데없이 나서질 말거라
발을 묻고 아예 걸음마도 배우지 말거라

삶은 막막한 세월 기다리는 일이라고
한여름 쏟아지는 햇살에 무르도록 익히고
한겨울 추위에 오들오들 조리고
눈발에 하얗게 버무리며
마냥 그렇게 서있는 것이었는데
온종일 서있다 보면 온몸이 저릿하기도 해서
팔을 들썩이며 휘저어 기지개도 켜고
몸을 흔들흔들 흔들어도 보고
햇빛을 팔랑팔랑 뒤집으며 공기놀이도 하고
가끔씩 지나는 바람도 잡아당겼다 놓았다 하면

히이잉 아프다 엄살떠는 소리도 재미나다는데

어디 한가지나 스스로 하는 일이더냐고
아행행 ㅎㅎㅎ ㅋㅋㅋ 누리꾼들 댓글 달고
하면 누군들 스스로 하는 일이더냐고
바람과 햇빛은 ~ @ # … 말을 참습니다

쉬는 숨 피운 꽃 맺은 열매를 그냥 넘보고
아무데나 제발 걸음하여 남의 목숨 끊는 일만
제 뜻대로 제 스스로 잘한다 억지쓰며
남을 부려 터잡고 남을 시켜 일하고
남의 힘모아 담 쌓으며
고로 내가 있다 하고 뽐내며 살터이면
한군데 똑바로 뿌리내려 터잡고 흔들며
내노라 사는 나무가 참 부럽지 않으랴
어디든 뿌리내려 터잡아
제힘으로 사는 일이 삶이라고
나무는 말을 더합니다

두레 겨울나무

겨울나무가 서있습니다
벗어야 한다
비워야 한다
추워서 떨고 있습니다
껍질을 벗어야 새로 날 수가 있다
오늘을 비워야 내일을 채울 수 있다
다 벗어야 한다
다 비워야 한다
바람도 외면한 채 지나갑니다

내 새끼들
한시도 반시도
벗고 주릴 수가 없는 내 새끼들
어미는 까맣게 속이 탑니다
어서어서 씻겨서 새로 입혀야 한다
심통난 하늘은
찬물조차도 쏟지 않고
어쩌다
흰 먼지만 툭툭 털고 있습니다

어미는
조심조심
두레박을 내립니다

철퍼덕 철푸덕
봄을 퍼올리며
속 깊이 다급히
봄을 긷고 있습니다

청솔

솔바람 불어도 팔랑일 줄 모르고
솔향만 그윽한 미소로 실어 날린다
빗질한 사철 단정한 모습
긴 세월 견디다가
사랑이 딱정이로 앉은 고독을
짐작이나 하랴

속살 깊이 불을 당기는
뜨겁고 진득한 정염을
말갛게 식혀
단단한 가슴속 옹이로 묻어두고
한해 두해 가는 겨울에
살갗이 다 트고 갈라져도
홀로 푸른 고집은
뾰족하고 촘촘하다

생명도 가두어
만년 호랑이 눈빛이 되는
마음을 짐작이나 하랴

대나무

대나무
곧은 줄기마다
마디 마디도 많고
마디 마다 주름도 깊다
대차단들
채울 뜻 비운 속이랴
뻿뻿하단들
몸 맡긴 활처럼 낭창도 하랴
질기단들
죽쑨 죽순만큼 물렁도 하랴

대숲 빽빽해도
바람은 줄곧 들랑날랑이다
올곧대도
바람과는 늘 죽이 맞는다
소리로 환호하고 노래로 부른다
손바닥을 활짝 펴서 살랄살랑
바람 불어라 까부른다

뱀처럼
쭉 뻗고 미끈한 몸이라고
어디 곧게만 가랴
어른어른 곧게 보일수록

구불렁구불렁 흔들려 가고
배배 꽈리틀어 앉는다

단풍

알몸 가득 붉은 빛
입술을 적시는 단술 냄새
설워라
아팠던 자리
솜털로 다시 내밀 때
떠나게 될 줄은
이미 아는 것

한올로 매달려
빗줄기 바람에도
한사코 견디운 것은
오기였는가
소망이었는가

그냥 두어라
사랑이
저혼자 자라서
눈가에 어른거리고
성화 못 이겨
볼마저 저리 발갛게 달았느니

낙엽

인연의 끈 하나 붙잡고
세상에 숨쉬고 말하며
그물맥 총총히 얽던 삶
놓으면 떨어지는
따로도 이별도 아닌
그냥 지는
스러져 한 세상 잊는

한 순간 붉음이
한숨의 아쉬움이랴
덧 없이 가는 세월에
물색 한번 갖춰보긴 걸
생목숨 끊는 것도 아니고
훌쩍 떠나는 것도 아닌데
마음 사를 엽서 한 장 없을 수야
비움과 버림을 이르는
유언 한마디로 삼아

아쉬움 떨치면
그리움도 지울 수 있으리니
찬바람 일거든
살풋 밟아 서서
못다한 속삭임이나 마저
들어주오

낙엽 그 껍질

낙엽
손을 놓은 것이냐
손을 놓더냐
후두둑 떨어져 내리는 것은
손을 놓은 듯도 싶고
엎디어 울먹이는 것은
손을 놓친 듯도 싶고

어차피 껍질 밖이 세상인 것을
세상이 서러워서랴
한꺼풀 인연의 매듭짓기
어디 쉬웠으랴
어차피 껍질은 경계가 되고
지키려는 고집인 것

몸이 껍질인 것을
알기까지
시간은 흐르고
벌겋게 앓고 앓다가
이제 업디어 울면서
그만
껍질을 허무는 중이다

강

너는 흐름이었고
나는 멈춤이었다

너에겐 보이지 않는 비움과 채움의 연속이었고
나에겐 그칠 줄 모르는 그리움과 머무름이었다

너는 나눔이었고
나는 갈림이었다

너에겐 대지를 적시는 사랑이었고
나에겐 가슴을 태우는 아픔이었다

너나 나나
사랑하는 것들을 싸안고
숨을 쉰다
제 속으로 생명을 품어보지 않고는
사랑을 말하지 말라

강물은
이른 아침 웅얼웅얼
물안개를 피워 올린다

강물

다다를 곳이 어디인지
강물이 흐르고 흐르다가
영문도 모를 바다를 만나면
이제 더는 갈 곳이 없어
그만 멈춰 서 목 놓아 울고 있을까
어미 품속 같은 바다 그 속살을 파고들며
아직도 끝 모르게 가고 싶을까

산골짜기 박힌 돌부리에 채여 깡총이던 아픔
송사리며 버들치들 가슴지느러미 헤적일 때
못 참고 타던 간지럼
물비늘에 눈시어 찡그리던 누렁소 한가닥 늘어진 울음
소매 걷고 적시어 사래치던 내 어린 날의 하얀 손짓
아직 기억하고 있을까

강물아
너는 어디로 가고
나는 어디로 가고
언제 어디서 다시 만날 수 있을까
연어처럼 간 길 거슬러 올 날 다시 있을까

바다 도돌이표

바다에는 낮은음자리 도돌이표가 있어
훌쩍 떠나지 못 하고
다시 머무르는 시간들로
저물녘이면 한 뼘씩이나 자라
돌아올 자식들이 눈에 선한 어머니

서둘러 쌀을 씻는가
한팔 걷어 올린 소매자락에서
설렁설렁 이는 바람이 인다
솔솔 쌀뜨물 냄새가 묻어 난다
철석이며 알몸 부비는 소리
일렁일렁 일어지는 알알의 꿈
생명을 담고 키우며
씻고 일는 내 어머니

껍데길랑 몇 번을 또 일고 일어
쪽머리 가르마 타는 듯 밀어 놓는
이마 환하고 반듯한
다 받아 안는 바다
얼싸 안기고 싶은 사람들
가슴에 밀물지는 사람들
바다로 달려가서 안긴다

양수 홍건히 들어 앉아 옹알이하며
알맹이로만 일어지기를
소망 소망하며 반긴다

바닷가에 가면

바닷가에 가면
철썩이며 보채는
유혹이 있다
살아있는 것들을
삼킨
비릿한
냄새가 있다
닳도록
마르도록
속 깊이 앓다가
되돌리는
소리가 있다

은밀히
가슴 부푼 소라가
귀 기울여
소식을 그리다가
날마다
속살이 패여
가만히
껍질로 누웠다
눈이 침침한 게들이
모로 걷는다

파도

바다가 내달려
가슴을 들썩인다

바다는
분노하지 않고
아파할 뿐이다
가둬둘 수 없는
아픈 몸짓이 있다

아픈 가슴을
주체할 수가 없어서
부딪고 또 부딪는다

어느덧
내 가슴에서도
작은 파도가 철썩인다

섬

너를 앞서 여기에 왔다
앞서 한참을 섰다가 섬이 되었다
출렁이지를 못해서
흐르지를 못해서 섬이 되었다
섬이 되기까지 할말 그렁그렁했으나
섬이라서 할말을 잊었다
갯자갈만 가슴 한켠 수북히 끌어 안았다
오늘도 되돌아 갈 수 없는 바다가
자꾸만 허리를 둘러 흔들고 있다
수평선 넘어 눈길 아슴하고
나지막이 갯바람 분다

바람

밤은 깊어가고

너
방문을 흔들며
문고리를 덜컹거리며
문틈사이로 소리지르며
왜 나를 부르는가

나
가닥을 못잡는 마음에
가슴은 방망이질 치고
입술이 하얗게 마르는데
왜 나를 부르는가

너
안과 밖을 구실삼고
불어 가거나 불어 오거나
내게 속한 것들을 담아서 가고
내게 속한 것들로 담아서 오며
그 것이 내 마음인 줄 어이 알더냐

너
앓는 소리에

나
못 참고 문밖으로 나서니
나는 바람이 되고
너는 벌써 내가 되었구나

바람
한사코 마음 담기를 소망한다
산에서 불거나
들에 불거나
바다 위로 불거나
스스로 소리치며
숲이 일어서고
들풀이 일어서고
푸른 물이 일어서기를
소망한다

안개

구부렁 등 굽은 할머니
내 손주 먼 길 떠난다고
새벽부터 앞마당을 서성이며 뭉깃거렸다
입은 벙긋벙긋해도 말은 나오지 않았다

동네 어귀에도
산굽이 돌아가는 오솔길에도
물굽이 돌아드는 강둑길에도
느린 걸음 앞세워 살피려 나섰다

서둘지도 말고
너무 멀리 보려고도 말고
한몫에 많이 보려고도 말고
소란하거든 요란하거든 돌아서 가거라
온몸으로 타이른다

나는 보여주고
남은 가려주고 덮어주어라
품어주고 감싸주어라

묻고 지나려 하지 말고
묻혀 지내려 하지 말고
어울려 꿈꾸며 길을 열거라

등은 더 굽었고
발은 더 끌리고
숨은 더 차는데
더 열심으로 벙긋거리며
뭉글 뭉글 속 깊은 말을 피워올린다

겨울비

깜짝 반기면 개일련가
싫은 듯 돌아서면 그칠련가
아침부터
추적추적 내리는 비

이 겨울에
눈꽃으로 맺지도
빗방울로 듣지도 못하고
우악하지도
살갑지도 않게
철도 모르게 내리는 비

끝도 시작도 없이
회색빛에 젖은 한나절
왜 보채는지
이렇게 저렇게 뜻을 물어도
분간은 다 너의 것이랄 뿐

그저
그대로
종일 내리는 겨울비

아침의 눈

소복한 여인이
밤새 한풀이 춤을 추는가 했더니
어둠을 헤쳐 밭을 갈고 씨를 뿌려
세상을 덮었구나
춥고 배고픈 것들을 다독여
얼르며 재웠구나

하늘도 땅도 희부연한 지금은
참았던 눈물을 훔치러 들었는가
꿈꾸는 것들의 아침을 지으러 나섰는가

어제를 하얗게 덮었으니
아픔도 그렇게 바래려는가
새날이 그 위를 비추이는데
어제와 오늘의 경계쯤
그리움이 부옇게 번져난다

봄은 오려나 보다

오며가며 바람이 집적거리고
잔설은 늘어붙어 앉아서 시달리게 녹여내더니
하려므나 지쳐 추레한 나무가지 마다
매무새 고치며 옷깃 당겨 힘주는 소리가 들린다
말랐던 눈망울을 씀벅거려 보면서
정갈하게 우아하게 기다린 봄을 맞겠다 한다
까치도 뭉쳐진 꽁지깃 한 올을 슬며시 뽑아 던지며
모른 척 털며 푸덕거린다

창문도 젖히지 못해
햇살만 노곤한 오후에
할 일 없어 이켠 저켠 옛 책을 헤집어 보며
풀썩풀썩 잔 먼지만 날리는데
그래도 찾아야 할 것이 있는 것만 같은
괜한 마음이 들어
봄은 정녕 오려나 보다

봄

있던 것을
잊고 있다가
보니
봄이다

꽃은 화사하게
잎은 부드럽게
봄은
빛으로 와서
마냥
있는 것도
그냥
있지는 않음을
보인다

생명은
없는 것을
있게 하고
삶은
있는 것을
있게 하는 것

봄은
꽃을 피우고
잎을 틔우며
생명을 말하고
삶을 보인다

장독대

햇볕도 얼싸 감고 두르고
옹기종기 오개오개
오손도손
애간장 녹이는 식구생각
서로 속에 담고 삭히는 나날
열매 달고 달게 단풍드는 소리
추스리고 달래는 바람
노랗거나 붉거나
스스로 감도는 빛
살푽이 훔치는 지어미
가슴 둥실하다

지아비 묻어둔 앞산너머
뻐꾸기 울고
한낮 실눈 뜨고 새김질하는 누렁소
나직이 어메 운다
다 가슴들이 둥실하다

오월

엊그제는 시린 듯
하늘로 부터 땅끝까지
더디게만 봄을 담그더니
방울지며 톡톡 꽃으로 피다가
거품처럼 부글부글 일다가
하루 이틀 날이 지나며
위로는 매큼한 햇빛이 말갛게 뜨고
초록은 거뭇하게 내려 앉고
수런거리며 봄이 부지런히 익어갔다

잎 펴지는 소리
부부새 터잡아 잎 고르는 소리
애벌레 잎 갉는 소리
삶을 살로 하는
오월이 봄을
상큼하게 맛들이고 있다

풀밭에서

준비~ 땅
꽃불 터지고
연등도 내걸리고
박넝쿨도 넌출졌다
누가 시작을 알렸는지
어느새 줄달음을 쳤는지
쑥쑥 키자란 풀들 푸르다가
쉰넘어 누릇하다

한달음에 달려온 세상
한 상 푸지게 받아 취했으면
참 잘 살았다 할까
키우고 찌우고 맺으며
열리고 닫히는 한 세상
허리끈 한 매듭 느긋이 풀어놓고 즐겨 마시듯
마음끈 한 매듭 너끈히 풀어놓고 살 수가 있다면

가을

하늘이 열리고
투명한 빛살이 쏘아져 내려
여름
부푼 속살마다
망울망울 일렁이며
농익게 한다

한사코
빛으로 대신하려는
세상이 바쁘다

그새
바뀐 몸으로 가득한
들판에
신의 것들을 위하여
외로움을 모르는
허수아비로 선다

참새
더러는 놀라라 하고
그래도 굶지는 마라
웃는다

까치집

미루나무 꼭대기에
까치집 하나 걸려 있다
초승달도 걸려 있다
위쪽만 하늘이 아니라고
지붕들 눕고 기대고
서로 사이 좋다

안에 들여 품어 주고
모자라든 신이라든
세는 반지 않는다 한다
삶과 삶을 나누자
꿈 하나 외등처럼 내어 달았다

날 풀려 봄까치
들며 날며 까작대거든
삶의 노래로 다 같이 듣자
미루나무 꼭대기에
지붕들 서로 눕고 기대고
사이 좋다

불을 지피며

어둠을 지고 앉아
불을 지피며
가슴에 확 안겨드는
빛무리의 슬픔을 달래고 있었다

타닥타닥 투정도 하면서
매캐한 연기로 생떼도 쓰면서
추진 서름을 푸념하고 있었다
한순간
꽃으로 피어난들
어둠을 사르다 간들
누가 가슴에 묻고 울어주리오

어찌 말하랴
아프게 하는 자가 사랑을 한다고
가까이 앉는 자가 가슴이 뜨겁다고
애민 부지깽이에게 마음을 전하란다
먼저 불붙지 않고서 태울 수가 있으랴
태우는 것은 자유케 하는 것이다

숯

석탄 백탄
타는데
연기가 펄펄 나고요
이내 가슴
타는데
연기도 김도 안 나요

이미 타고
새까만 숯이 되었는데
또 타고
그래도 탈 것이 남아
연기가 펄펄 나더란다
타고
타서
천갈래 만갈래
트고
찢어졌는데
아직 놓지 못한
생가슴이 있더란다
이내 가슴
타는데
얼마를 더 벌겋게
당신을 앓아야

얼마를 더 열꽃으로
이글거려야
그만 풀썩
몸져 스러져
누울 수가 있다는가
어쩌면 생가슴
다 타는데
연기도 김도
안 날 수가 있다는가

사랑하는 것에는
이름이 있다

동백꽃

어느새
못 참고 터트려 놓았는가
가슴 가득 품었던 불덩이들
꽃술이 불붙어 노랗게 이글거린다

빛 바래느니 지련다
하얀 눈밭에 피처럼
선홍색 꽃봉오리 뚝뚝 떨구고
동박새 날개짓에 바람 일어도
가슴 뜨겁게 후끈 달아도
가벼이 살랑거려서는 아니 된다

살집 도톰한 이파리들
반듯한 가르마 반질한 매무새
야무지게 다짐을 두어도
어차피 봄날은 오고
바람은 불고
또 봄날은 간다

홍매화

굳고 거칠어진 가지에
허연 눈발이 성성한데
곱아 시린 손끝 마다
수줍게 피워낸 분홍 꽃송이들
나이 들어 늦게 난 연심인가

설한에 잎 한점 없이도
여린 꽃을 피우고
겨우내 흰색 덧꽃만으로도
넉넉해야 할 것을
점점이 분홍색을 떨쳐내는
더운 속내는 절절하고 시큰하고
달뜨다가 못내 벙글어질
언젠가는 매실되어 맺힐 마음인가

눈부시게 올려 보는 마음에도
생글생글 얼얼한 볼에도
맺힌듯 오뚝한 콧망울에도
활짝 미소 띤 입술에도
몽글몽글 피어있는 홍매화

진달래꽃

동네 앞산 뒷산 모두가 꽃밭이다
산이 꽃밭일 줄
누구 생각인들 했으랴

먼 발치로 서서 바라만 보아도
구름처럼 흐드득 웃는 꽃 무더기
무더기 사랑 들이는 봄날
온종일 환한 꽃

살냄새 보드라운 연분홍 꽃잎
얼굴 묻고 꿈길 더듬어 가면
살포시 젖은 입술에
어머니 젖몽우리가 간지럽다

4.19 안개꽃

쓰러진 그 형체로 일어나
다가구주택들이 힘겹게 기어오른
수유리 산자락
의붓자식 이름 같은
사일구 민주의 제단에는
봉긋한 무덤들이 차려져 있고
그속에 드러누운 이들의 제단에는
장미 한 송이 둘러친 아슴한 안개꽃 한 다발

사월의 비는 내리고
조각나 엉겨붙은 빛 방울들 어른거리는데
안개꽃 한 얼굴의 표정은 보이지 않고
무리의 함성은 아직도 처연하다

찔레꽃

눈을 열고 가슴에 들어 앉는
꽃 아니련가
눈에 밟혀 아리고
가슴에 얹혀 쓰려서
찔레꽃인가

단단할 일 없거든
아플 것도 없거늘
젖몽우리 봉긋 서올 때
세상 하얗던 누나
순 꺾어 벗겨 주며
옷깃 여미며
예서 기다리라고
다짐 두던 하얀 꽃

성글고 조그만 앞니 조르르
웃어 보이던 꽃잎
말 못하고 머금어
술 익듯 익은 향내
진하여 내리 다 환하다

목련 꽃핌

봄이 오면
나무들이 삼일절을 기리며
새로 장만한 새하얀 장갑을 끼고
저마다 동그랗게 말아 쥔 주먹을 치켜들어
이 땅의 자유와 해방을 외친다
휘어진 몸을 얄궂게 늘어붙던 잔설은 가라
마른 삭신을 짓궂게 훑던 바람도 가라
벌거벗긴 수모며 겨우내 시달린 부끄럼을
모른척 한풀이 살풀이도 없이
청상을 다시 갖춰 입을 수는 없다
끊일 듯 이을 듯 춤사위를 펼쳐라
그러쥐었던 흰수건을 높이 떨쳐라
털며 풀며 삭이는 몸짓을 따라
원도 한도 그렇게
잔설처럼 바람처럼
땅을 밟고 하늘을 날아
제 갈길로 간다
봄마다 의식을 치른 후
목련은 늙지 않고
기품있고 정결한 이 땅의 여인으로
다시 태어난다

넝쿨장미

초봄부터 스쳐 지날 때 마다
팔을 조금씩 내밀어
붙잡을 듯 망서리더니
이제는 터놓고
붉은 마음을 주렁주렁 달았구나
봄을 파는 여인네 붉은 입술이
욕정으로 피어나더냐
보시시 토해 내는 달뜬 입김이
제 몸을 달구더냐
햇살이 넋을 놓고 내리다가
시멘트 바닥을 헛짚어
어질한 열기로 돌아나는구나
스스로 취하고 고파서
산다니 판다기로
삶이 삶을 팔며 살 수가 있다는가
주고 받음이 삶이고
얻고 잃음이 없는 삶인 것을
여러날 물리도록 무리지어 살아도
무를 수 없는 삶 전혀 무르지 않고
저리 단단하구나

호박꽃

꽃도 아니라고 조롱이지만
더 꽃다운 꽃은 아직 보지 못했다
꽃이 자신을 보이려는 성기던가
일심동체 자식을 보려는 생식기다

꽃속으로 걸어들어 가면
시작은 미약하나 씨방이 보인다
씨가 터를 잡을 때부터
옹골찬 어미의 꿈이 자란다
싹이 돋고 잎이 피면서 천지사방
더듬더듬 넝쿨을 뻗쳐 한발이라도 더 멀리
뻘뻘 기어서 중간중간
자식들 딴살림 낼 곳을 생각한다

정한 곳에서는
하늘에 고하고 호롱불을 밝힌다
친정에서 실어온 이바지로
상을 차리고 푸짐한 잔치를 벌여
말벌들도 잔뜩 떡고물을 묻힌다

호롱불이 사근 날 부터
점점 배가 불러오고
퍼렇게 힘줄 선 살피듬을 가리느라

잎들을 펼치며 부산해진다
그 속에서 자식들이 가지런히 자라고
호박꽃 자리는 배꼽으로 남는다

네잎 크로버

오종종한 얼굴로
서로 기대어 앉은 토끼풀
또래들은 다 세 잎인데
왜 한잎 더 많은 네 잎인가

사지를 가르는 아픔 견디고
홀로 서기의 고픔 겪으며
무리의 따돌림 참아내는
여문 마음씨 하나
간직하기 왜 아니 어려웠을까

꿈 하나 키우기 어디 쉽던가
기약없는 어느날
꿈꾸는 사람 찾아 와
눈길 반가움 띄우고
손끝으로 그리움 전할 때
그에게로 가서
희망이 되고 싶었는가

산딸기

산길 풀섶에 서서
오마지 않는 이를
혼자 기다리다 외로워
그리움 총총
눈망울 붉고

겨운 한낮도 길어라
저린 몸 뒤척이며
안으로 다둑이던 흰마음
언뜻 언뜻 얼비쳐
희뜩이고

남의 속 타거나 말거나
유월 햇볕은 말갛게
종일 무심한데
후끈해진 이웃들은
마냥 초록 초록하고

해바라기

울안 담벽에 붙어서서
매일 같이 지나는 길손을
그려 바라보다가
그만 혼자 연심이 났구나

날 저물면 보고 싶고
날이 새면 더 보고 싶더니
날마다 발돋움을 하다가
담넘어 키가 훌쩍 자랐구나

그리는 얼굴 따라 닮아
낮이면 헤실헤실 웃다가
그리 바라기로 있다가
밤되면 울상을 짓고 있을지
가신 서쪽 바라보고 있을지
오실 동쪽 바라보고 있을지

낮이면 볕 쪼이고
밤이면 이슬맞다가
못 생긴 얼굴에
점점이 까맣게 들어 앉은
애달픔이 가득하구나

달맞이꽃

밤에 꽃핀다고
노랗게 꽃핀다고
달맞이꽃이랴
달을 담아
달을 닮아
달을 꽃피워
달맞이꽃이지
달이 차고
마음 시려워
달 맞아 나선 길
섶에서 너를 맞기까지
달맞이꽃은 아니다
비추어
너에게 나를
나에게 너를
보이는 거울
달
달맞이꽃

쑥부쟁이

가을 어디쯤
쑥부쟁이로 서서
꼬박 살아왔을
빈들을
시린 보라빛으로
바라보고 섰다

계절에 내몰려
숨가쁘던 세월
한눈 팔 새 없이
조금조금 뒤처져서
비 오고 바람 불고
뙤약볕 쪼이던
그자리 그대로
살아 있었구나

절로 살아
절로 보이는
여린 속 영혼이
말도 없이 곱구나

잡초의 노래

찾아줄 사람 없고
불러줄 이름 없어
이름이 잡초라네

마음줄 사람 없고
마음준 사랑 없어
혼자서 손짓하고
혼자서 휘~휘~휘
휘파람을 분다네

지들 끼리는
살갑게 살도 부벼보고
볼연지도 찍어보고
씨앗도 보련다고
수런거리기도 한다네

불러볼 이름 없고
찾아갈 사람 없기는
마음준 사람 없고
마음둘 사람 없는
사람들 끼리라고
지들 끼리는
아니라 아니라 하네

가을꽃

보오라 봄꽃
열어라 여름꽃
다들 피우고 이제는
갈 가을꽃

봄부터
풀섶에 서서
부지런히 키를 키워
이제야 고개들고
자잘하게 피워낸 풀꽃

한세상 살아서 맺은
하얗고 파름한 가을꽃
성긴 바람만
바람 되어 오는
갈무리 늦 가을
갈 가을꽃

구름차

시원하고 상큼한
구름차 한잔 드시려오

당신은 우아하게 앉아
하얀 손에 찻잔을 받쳐들고
향기로운 녹차를 마시는데
내 어머니는
샘가에 서서 바가지를 들고
시원한 구름차를 드셨다오

녹차에는 녹차잎이 살풋 뜨고
구름차에는 구름이 둥실 뜨지

녹차에는
노곤한 삶의 시간이 사르르 녹아들고
구름차에는
고단한 삶의 갈증이 짜르르 녹아난다오

어머니의 바람

지금은 주인을 잃고
어느 이름 모를 골목을 서성이려는가
내가 살던 고향마을에는
어머니의 바람이 있었다.
어머니의 치마폭을 감싸고 꼬리치며 맴돌던
바람이었다
어머니가 부리던 바람이었다

어머니가 바람을 부른다
두손을 치켜 들고 키를 흔들며
바람을 부른다
허기진 바람이 달려온다
바람을 길들이며 먹이를 쏟아내린다
네 못 먹는 알갱이는 남기고
네 잘 먹는 쭉정이며 검부러기는 물고 가라

빈 껍질을 좋아하던 바람
빈 공간 사이로 어디던 메워가며 불던 바람
속이 꽉찬 아들 되라고
싸매고 씌우며 한사코 떼어놓던 바람
친해지지도 못한 어머니의 바람은
지금
어느 이름 모를 골목을 서성일려는가

미역국

나 세상에 난 날
채 뜨지도 못한 눈으로
세상은 커녕 천지사방도 분간 못 했을 것을
어찌 스스로 세상에 난 날이라 말할 수 있으리

어머니의 뼈마디 마디 각인시켜 떼쓰다가
난 그새를 잊지 말라 억지쓰는 울음 소리에
비로소 어머니는 환하게 웃음 지었다네
나 한사코 한 몸이고 싶어서
세살까지 어머니 가슴꼭지를 물고 살았네

여나믄살까지 아니 서른너머
이 세상에 어머니가 계실 때까지
어머니는 널 낳은 날이라 하지 않고
너가 난 날이라고
나더러 미역국을 먹게 했지

어머니 안 계신 나 늙은 날에도
내 생일을 내가 쇠고
내가 미역국을 먹으며
어찌 세상 살았는지 되새김한다

생일의 미역국처럼

거를 수도 남길 수도 없는 삶을
건성으로 싱겁게 살지 않고 어찌
진하고 빽빽하게 살 수 있을지
허겁지겁 아니 하고 술술 넘길 수 있을지
오롯이 뼈가 되고 살이 되게 살 수 있을지

다시 오는 생일에는 맘먹고
나서 나 먹을 미역국이라도 한번
어머니 기도하듯 끓여볼 일이다

사랑하는 것에는 이름이 있다

그저 그냥
그대로만 있어주면
좋을 것을
한사코 그냥
그대로만 있어주지를 않아
머물러주지를 않아
하나씩 잃어가면서
그 언저리에 옹이를 새기며
겨우 기억하지 않기로 한다

그저 있었던 자리
사랑하는 것들
이름을 부른다
옛 이름 그대로를 부른다
아직 사랑하는 것들
이름을 부른다
이름에는 그리움이 있고
부름에는 서러움이 있다

양수리

가을에 떠나간
세 살 터울의 형님을 생각하며
삼수 갑산도 아닌
양수리 갑산공원을 가다보면
두물머리 양수리를 먼저 만납니다

나무들은 왜 말없이 서서 붉은 빛인지
강물은 왜 우련히 붉은 빛을 풀어놓는지
마음은 왜 미치도록 붉어지는지
누구 한잔하라고 눈앞에서
북한강 남한강은 서로 만나 얼싸안고
부옇게 물안개를 피우는지

구불구불 서로 흘러온
감감한 속내는 모르지만
삼수 갑산도 아닌
양수리 갑산공원을 가다보면
두물머리 양수리를 먼저 만납니다

아들

아빠라고
부르며
삼층을 내달아
잔디밭을 가로질러
다가올 수 있는
아이는
분명 아들이었다.
또 하나의
나를 담아냈기에
소름 돋는 모공 하나 하나에도
신경돌기를 공유하여 서늘한 떨림을 같이 전하는
너는
정녕 사랑으로 이름할 아들이었다.
너를 남기며 산굽이를 돌아 나설 때까지
너는 정지된 그림으로 서서
아픈 신경줄을 놓지 않고 있었다.

얼굴을 씻으며

쌀뜨물 처럼 창밖이 부옇게 젖어오면
잠을 털며 얼굴을 씻는다

오늘도 사는 구나
어릴적 어머니가 버릇들여 주던 짓을
이제는 내손으로 하고 있으니
그나마 신통하다
언제 또 남의 손을 빌리게 될지

한줌도 안되는 물을
손바닥에 움켜담으며
흘리며 나르며
무엇을 어푸어푸 숨차하는가
삶이 만남인 줄
봄 아닌 뵘인 줄
지레 알고서
잘 보이려든가
있는대로 보이려든가

주련가 받으련가
사랑도 보임이라
못 보여서 성화더라
보이고 보고픈

얼을 담는 그릇이니
거울에 비춰도 보고
아침 저녁 그렇게
정성드려 닦기도 할 듯

주름살을 들여다 보며

한세상 살면서
무엇을 심고 기르며 가꾸느라
이 많은 이랑을 다 일구었을까

봄날에 꿈을 심고
지난 여름
잎 펴지고 줄기 벌 때에
유난히 자주
기쁨의 바람불고
슬픔의 비오고
화남의 천둥치더니
이제
튼실해진 이랑 깊숙이
주렁주렁
탐진 고구마 알이라도 굵었든가

들어서 뵈지 않음이니
보람일지 행복일지 장담을 못하네만
잎으로 줄기로 넝쿨진 인정이야
뉘집 못지않아 무성도 하니
씨알 기대해 봄직도 하지 않겠나

어찌 저리 주름 잡힐까 싶어

엄지 펴고 집게손가락 세워
살집 당기고 겹쳐 잡아 보아도
푸르르 다시 풀리고 말기로
가을걷이 묵은 밭이겠거니
그저 늙음이겠거니

수박씨

또록 또록 까만 눈을 반짝 반짝 사뭇 골똘하기에
그만 쉬거라 포근히 덮어주고 다둑거려 주었는데
며칠 후에는 사알짝 고개들고 나와 두리번대다가
이랑을 바알발 기어도 보고 고랑을 기웃도 하더니
배포크고 속깊은 세상궁리 그토록 골몰했을 줄이야
땅덩이 둥근줄은 어찌 깨쳐서 덩그렇게 본을 뜨고
사래긴 밭이랑 고랑 푸릇 검푸릇 일렁이는 그대로
진하게 색칠하여 저 살아온 흔적까지 겹쳐 그렸다
설마 속까지 그렸으랴 숨참고 서둘러 펼쳐보니 쩌억
한사코 일편단심 속 바알간 용암이 이글거리고 있다

고사리

대단한 놈
종일토록 땀 흘리며 기어오른 산을
눈도 깜짝 않고 단박에 쑥 뚫고 나온 놈
속 꽉 차 단단한 놈
옹골차서 동실한 놈
온몸을 한묶에 돌돌 말아
통째로 그러쥐고 나온 놈
오래전 허락받고 나온 바위들도
오슬오슬 마음 졸여 몸 야위거늘
날로 꿈을 활짝 펼쳐
달싹 하늘을 움켜쥐겠다는 놈
쉰 넘은 해를 살았어도
짐작도 못한 처녀들 여문 마음을
눈 한번 마주치자마자 앗아내어
한달음에 손까지 잡게 한
앙큼한 놈
닮은 손주놈 손
쥐어보는
마른 고사리 손

손

이렇게 외로운 겨울날에는
내 소심한 손은
저 먼저 추워하며 철없이 품안을 파고 든다

혹 마음에 드는 이 앞에라도 서면
수줍어 저혼자 어쩔줄 몰라하고
허물없는 좋은 이리도 만나면
앞장서 나가 감싸안고 반기며
깜짝 반가운 일이라도 생기면
저절로 일어서서 마주치며 기뻐한다

정도 많아서
힘을 잃고 주저앉은 이에게는
다가가 붙잡아 주고
답답해 가슴앓이를 하는 이의
뭉친 가슴을 쓸어 주고
주체 못할 슬픔에 한없이 흐르는 눈물을
닦아 주고 싶어 한다

한도 많아서
사랑의 짐에 눌려 휘고 야윈 어머니
등을 어루만져
거친 세월을 녹여내고 싶다

꿈도 많아서
티없는 어린아이의
살포시 붉은 볼을 토닥여 주고 싶고
나처럼 내게
떨리는 손을 내미는 이가 있으면
달려가 그 손을 얼싸 잡고도 싶다

바퀴

온몸을 둥글게 말아 싸안고
더듬더듬 세상을 맞대어 구른다
닳고 닳아야 알게 되려니
매양 돌고 돌아도
가로지른 막대 하나
헤어날 수가 없다

가로지른 막대 하나
짐지고 오르는 골고다의 언덕
허공에 두발을 올려 모으기까지
지금이 때이오니까
어디로 가시나이까
뜻대로만 하소서

몸도 마음도 태우며
데굴데굴 굴러도
땅을 박차고
다시 허공을 돌아도
결코 땅을 못 벗는 원죄

허공에 두발을 올려 모으기까지
아직 구원은 멀었는가
허공에 두발을 올려 모으기까지
닳고 닳아 스러질 그날 그때까지

길

길은
들고 납니다
오고 갑니다
길에도
묻혀 나고 살다 죽는
머물지 못하는 삶이 있습니다

길은
타닥타닥 숨쉽니다
들고 나는 다님입니다
쉬지 않는 다님입니다
길에도
흐름이 있습니다
되바라져 길난다 하고
다소곳이 길든다 합니다

길은
쉬이 다닙니다
편히 다닙니다
마음 놓고 다닙니다
항상 같은 길이려니
믿고 몸을 맡깁니다
해도 길조심은 해야 합니다

길길 나댈 길은 아닙니다

길은
마음 가는 곳에
언제라도 있습니다
세상에 처음 날 때에도
길이 있었습니다
잠들 때에도
꿈길이 있습니다
하늘이 무너져도
살길이 있습니다
하나
돌아올 수 없는 길도 있습니다

마지막 가는 길

가네
누워 가네
영정 앞세워
길 일러 가지만
다시 올 길 아니라서
그냥 눈감고 가네

가네
그만 가네
어디쯤은
함께 가지만
어차피 서로는
남기고 남는 것
더는 가고 오지 못하느니
사랑도 미움도 다
산 자의 몫이네

가네
아주 가네
눈 떴다 감는 동안
머물러 있다가 가지만
다시 가고 오지 못하느니
비우고 떠나 가는 것

남기거나 남거나
있음은 다
산 자의 몫이네

비워두는 의자

비워두는 의자

의자가 사람을 가리던가
사람이 의자를 가리던가
의자는 묵어도
사람은 묵을 수 있던가
잠깐의 머무름인 것을
비워져 있음도 기다림인 것을
지하철 노약자석 표지에는
지팡이를 든 노인과
목발을 짚은 장애자와
배가 부른 임신부가
마음이 고단하게 앉아 있다

억지보다는 배려가
가림보다는 관심이
먼저 자리하여
비워있어도 포근한 자리
마음이 푸근한 어르신이
꿈을 잃지 않는 장애자가
사랑이 자라는 임신부가
한 짐을 내려놓고
잠시 앉아 머무는 자리

먹

연적은 파르스름한 얼굴로
허공을 치며 울컥거렸다.
네모 반듯한 관을 열어
누운 먹을 일으켜 세우고
힘주어 꿇어앉으라 고집한다
쓰러져 누울지언정 무릎을 꺾을 수는 없다
새까맣게 태우며 단단히 굳힌 마음이다

한줄기 절개는 선비의 꽃으로
넘실넘실 묵향이 피어난다.
스스로 닳되 영원히 닳지 않을
진리의 샘을 찾는 일이다
올곧게 길어내
바위로 엎드리고 나무로 키워내고
꽃을 피우고 새가 되어 지저귀며
함께 품는 태산이 되고
그 사이를 흐르는 물이 되어
태고의 얘기를 전한다

더러움은 검정이 아니라
묻히는 자의 흐트러짐이다
묻히지 않고 어찌 옮기랴
구부정이 곧 부정인 것을

소리로 태어나서

누구라도
소리로 태어나서
소리 하나 가슴에 달고 산다
이루어 이르라는
이름의 소리
살면서 여기 저기 거저 주고
죽어도 남기를 소원하지만
이르지 못해서 더는 듣지 못할
메아리로 진다

언제라도 앞서
저벅저벅 귀 밟아 오는 소리
사랑도 말보다 소리로 먼저
사랑 사랑 안겨드는 울림이다
같이 떨림으로 하나되는 마음이다

웃음소리 울음소리
말보다 진실하고
바람소리 물소리 새소리
머물지 않고 흐른다
삶이 흐르고
세월이 따라 흐르고

그리움이 녹아 흐른다
흐르다가 혼곤히 진다

신발

질척한 땅 한번 밟아보지 못한
누구의 발 한번 담아내지 못한
온종일 진열대에 모시어져 잠든
저것들은 신발이 아니다
임자 있거나 없거나 버려진
임자 잃고 혼자서 나딩구는
인연의 끈을 그예 놓고 혼절한
저것들도 신발이 아니다

자궁에 생명을 품고 배불러보지 못한
젖줄 당기어 조르르 물려보지 않은
가슴앓이 없이 감쪽같이 젖줄을 말려낸
속에서 난 얼굴도 모르거나 잊거나
그저 감감하게 이름도 모르는
저것들은 절대로 신발일 수가 없다

신

신은 늘 입을 여시고 언제든지 내게 오라시며
너의 발을 부여잡고 걸음 걸음 함께 하신다 하십니다
가장 낮은 데로 임하시어 가시밭길도 진창길도
온몸으로 다 헤쳐 주신다 하십니다
다만 교만하지 말라 하십니다
가벼운 걸음걸음은 안 된다 하십니다
방정맞은 행보는 안 된다 하십니다
교만은 사망을 낳는다 하십니다
맨발로 낙원을 떠나야했던 걸음도
다 교만에서 비롯되었나 하십니다
교만하지 않음이 곧 사랑이다 하십니다
사랑은 온유하며 오래 참으며
교만하지 말라
하여 너희가 살아가는 모든 길에
걸림돌도 수렁도 있게 마련이다 하십니다

무덤과 있음

봉긋한 무덤은
가슴 뭉클하다

산 이는 죽음을 묻고
죽은 이는 삶을 묻어
죽음은 덮고
삶은 품고 싶다

형체도 없이 스러지면
그만 없던 것이 되고
기억도 정처를 잃어
있는 것은 아니어도
있던 것으로는 있어야 한다

서둘러 덮고 다독여
몸집을 삼고
있다 있다 다짐하며
여미는 가슴
봉긋한 무덤이다

무덤과 잊음

평생 지은 인연 기둥 삼아
흙으로 두툼하게 지붕 얹고
잡풀로 이엉 올려서
둥그런 흙집 한 채 지었다

낸 듯 난 듯
끊어질 듯 이어질 듯
희미한 길 하나 보이는 듯한데
문이 없다

감춰진 속내 궁금하다
잊지 않은 안길이
따로 있다는지
속길 헤매며 잊지 못하는 이
잊으려는지
잊으라는지

잊지 못하고
혼자 돌아가는 길이라서
잊지 못할 이
잊지 말고
아는 만큼만 왔다가
혼자 돌아서 가라는지

광장

사람이 낸 길은
사람을 닮아서
만나고 헤어짐이 사람 같고
모이고 흩어짐이 사람들 같다
뭉치고 갈래지는
모든 길은
푸진 꽃사과처럼
한끝이 사람에게 닿아 있다

모두에게서 길을 내어
모두의 길을 따라
모두가 함께하기를
얼마나 떨며 기다렸는가
아무도 없다
숨소리도 없이
그저 비었을 뿐
처음부터
모여서 이루지를 않고
모아서 이루려는 것은
우리의 광장이 아니다

건배

술잔을 부딪치며
건배
쨍 하고 사라지는
짧은 시간
짧은 울림
마시자
비우자
담는다는 것이
담긴다는 것이
그 무엇이랴

함께 한다는 것만으로도
목을 타 넘는 순간
짜르르한 촉감만으로도
삶은 느끼며 누리는 것
남는 것은
남긴 것은
쨍 하고 소리내며 울었던
빈 잔

지하철 한세상

저마다 작정한
지점이야 있겠지만,
기차는 캄캄한 땅밑을
생각없이 달린다
드는지 나는지 모를 굴속
앞뒤마저 닫힌
한 세상이 갇혀 있다

앉은 사람 선 사람
졸리워 눈을 감은 사람
졸리워도 눈을 뜬 사람
졸립지 않아도 눈을 감은 사람
그나저나 멀뚱히 눈을 뜬 사람
이리저리 눈을 굴리는 사람
신문으로 눈을 가리는 사람

보인다고
보겠다고 보지 않겠다고
눈을 어찌할 줄 모르는
사람들이 있다
눈 감으면
한 세상도 닫히는 것을

지하철 승강장

지하철 승강장에 멀거니 서서
건너편을 바라다 보니
엉거주춤 이편을 건너다 보는
알듯 모를듯한 사람이 있다
지금은 그래도 마주보고 있지만
조금 후면 서로 멀리 어긋져 갈 사람
내것 네것 다툰 적도 없는데
처음부터
거꾸로 갈 작정을 하였구나
눈을 피해 발 아래를 보니
이쪽과 저쪽 사이는
가깝고도 먼 마른내
마른내는 발벗고 걸어 들어
타박타박 건널 수나 있지
아주 깡 말라 발목 잡힐리도 없는데
그저 탈 것만 다니라고
처음부터 사람 다님에는
어깃장을 놓았구나

검정 비닐봉지

몇 걸음에 닿을 만큼만
몇 가지만 담을 만큼만
물색없이 물색 가릴 만큼만
싸안는 온전한 가벼움
가볍게 지지 않는 목숨 가볍게 부림을
가볍게 여기지 않는다는 가볍지 않은 뜻도 담아
달랑 몇 십원 볼모 삼는 가벼움까지
다 담는 가벼움

훅하고 입김 한번 끼쳤을 뿐인데
바르르 몸 열고
손가락 걸며 달랑 매달리는 가벼움
현란한 유혹, 부드러운 포옹, 안락한 보호,
이름의 권세 다 부질없다
귀한 자식보다는 없어서 안 될 자식들
넘고 처지지 않을 만큼 품어주는 사랑

단 한번 열었을 뿐인데
허물어지고 망가진 몸매
뒤집힌 속
질긴 생, 짧은 삶,
맡겨진 운명 버석거리며

건듯 부는 바람에
휙 하니 저만큼 날린다
쓰고 버린 자의 가벼움만큼

옷걸이

아침마다
한 꺼풀 벗겨 입고
서둘러 집을 빠져 나가고
진종일 딴 전 딴 살림을 차리다가
어스름에 살짝 돌아 오고
태연히 돌려주며 시침떼는 날들
벌거숭이로 시린 자리 오롯이 지켜
이 허물 저 허물을 다 받아주니
앙상해도 딱 조강지처다

날제 입는 배냇옷
갈제 입는 삼베옷
감싸주고 갖춰주며
몸 덜고 몸 풀어
꽃피우고 잎지우듯
절로 입고 벗거나
따로 짓거든
맘 덜고 맘 풀어
입히고 벗기어 주며
나누어 사랑을 입고
베풀어 서로를 입는다

따로 지은 옷
어울렁 더울렁
입히고 벗기고
입고 벗는데
받아 입는 너와
벗겨 입는 나는
묻노니 누가 누구의
앙상한 옷걸이인가

추위

시베리아 어디쯤
너는 속을 두고
태평양 어디쯤 바라보며
한랭전선을 내게 드리웠는지

추워야 추운 걸 안다고
속을 내어주면서 아픔을 배운다고
싸늘하게 식은 너에게 내가 춥구나
쌀쌀맞게 벗은 너에게 내가 시립구나

넌 그냥 있기만 했고
있는 듯이 마음 주지를 않았는데
그저 무심한 바람으로
내 곁을 지나치기만 했는데
내가 춥고 내가 시리고
내가 아프게
내 속을 내준 내 속에
너는 이미 있는 듯이
내 속에서 아픈 바람이 인다

동행

무릅쓰거나 뒤집어쓰거나
허물없이는 못 산다
남의 허물 허물어
얼기설기 가로 세로
엮고 짜고 기워
제 허물로 입는다

치레도 치레라
혼자 입기는 허물도 같고
남의 허물은 헐뜯고 싶다
섭섭은 저와 세상의 가름과 만남
허물은 저를 가두는 죄와 벌
끼리라도 허물없는 우리이고 싶다

알몸이 그립다
살을 맞대고 싶다
나랑 너랑 함께 하자
동행이 되자
끝에 닿고 싶다
안에 닿고 싶다
막 허물 벗은 꽃뱀 한마리
스르르 울타리를 빠져 나간다
톡하고 봉숭아 씨가 터진다

수평선

진입금지
교통안전표지판을 들고
바다는 훼훼 손사래를 친다
몸을 눕히지 않고는
함부로 들려 하지를 말라
밟고 선 모래알처럼 쪼개고 쪼개져
한데 몸섞지 않고는
아예 들 생각을 말라

수평선
가로금 하나로 떠 있다고
가볍게 보지도 말라
가로금 긋기 어떻랴
한 쪽도 기울지 않고
한 곳도 욱고 부르고 휘지 않고
소름 돋지도 구멍 나지도 않고
구김살도 주름살도 하나 없이
다림질인들 반듯하랴
묻고 덮고 안고 담고 녹여
다둑이고 가라앉히고 쓰다듬고 달래어
정성으로 가로 눕힌 금이다

쫑긋 또는 쭈빗 또는 우뚝
저마다 키를 세워보는 몸짓들
나름 나름 나를 세워보겠다고
들쭉 날쭉 삐뚤 빼뚤
세로금 긋는 삶의 바다
꿈꾸는 아득한 가로줄 하나
돛대 세우고 노 저어
흔들려 가 닿고 서려 해도
접거나 감거나 눕혀져
주저앉거나 감춰지고
눈 깜박 가로 감기로
점 되어 떴다 사라지는
뜬금없는 몸짓들
세월도 물도 생명도
다 힘께 누워 흐르는 수평선
바다에 가면 맨 처음
진입금지 표지판을 보라

기러기 아빠

기러기 아빠는 텃새라고
홀아비 겨울을 남겨두고
철 안다는 어미새
철 모르는 어린새 더불어
제비 따라 남 나라 찾아서 갔네
심장에 꽂고 질질 끌어간
쇠심줄 코드가 있어
오븐에는 지지배배(支支配配)
빵이 빵빵하게
글로벌로 지구처럼 부풀고
노릇노릇 노리게 익어 가겠지
지지배배(支支配配)
가르고 가르고 짝짓고 짝짓고
거들먹 잡들먹 날며 기며
철새되어 텃새를 부리며
오만 텃세를 부리며
너도 나도 사는 나라에
돌아와 높이 날자꾸나
너도 나도 살 날을 그리며
솜처럼 푸석하게 뜬 날 밤을
소주 따라 부어 적시며
타고 넘는 속을 부지깽이질하며
자꾸만 기럭 기럭 기럭인다

쑥

가릴 것 없이 바람부는 만주벌판에
가릴 것 없이 바람 찬 흥남부두에
가릴 것 없이 울며 불며 헤매었다
부르지 못한 고픔에 불러야할 아픔을
묶고 매고 이고 지고 새기며
가름을 이름하며 이름을 부르며
부는 바람 찬 바람 하염없이 맞으며
가릴 것 없이 가진 것 없이 떠돌았다

맞는 바람 부는 바람 피우는 바람
바람하는 바람의 고삐를 잡아 거두어야 할 바람
고분고분한 바람을 휩쓰는 찬 바람
가릴 것 없이 내노라며 가릴 것 없이 뻔뻔한
땅을 가르고 사람을 가르고 하늘을 가르는
가릴 것 없는 바람잡이들만 바람처럼 나부대서
그 바람에 땅도 갈라지고 발목 잡히고
사는 사람들도 갈래갈래 살이 트는데
한 겨울 쑥대밭이라도 죽지 않는 뿌리들이 있어
언땅을 붙들고 놓지를 않았다

기다려 조금 바람이 자고
어둠도 설핏 눈에 익을 때

이땅에 질긴 쑥뿌리들은
부지런히 하얀 실바람을 늘여
갈라진 틈을 얼기설기 바쁘게 기워낸다
가닥가닥 실바람을 매듭짓고 난 자투리를
이 땅의 어머니는 정성으로 뜯어 다듬는다
봄이면 쑥들이 쑥쑥 자란다
어렵사리 바느질한 가슴이 쑥쑥 아린다

듣다

너에게 닿으면
스미어 속살부터 젖어
양수를 채우고
가슴으로 머리로
피돌기 서둘러
살갗까지 발갛게
하나로 빛깔을 이루다
물 듣다

나에게 닿으면
스미어 속살부터 떨려
망치 모루 등자 뼈다리 건너
비로소 깨이고 닫고
머리에서 가슴으로
함께 울리어
하나로 뜻을 이루다
말 듣다

너에게 나에게
닿고 스미어
속살까지
채우고 흐르고

발갛게 흥건하게
사랑하다 살다가
언제인가 하나로
땅에 듣다

덤

누구라도 보고
견주어 보고 헤아려 보고
몫 몫 따져 보고
값 치르고
산다

저마다
볼품 있게 맵시 있게
몫을 뽐내며
값을 올리거늘
묻지도 않고 따지지도 않고
맥없이
남의 몫으로 남의 에누리로
덩달아 얹혀가는
덤덤한 덤이 있다

덤 덤 해도
가장 애먼 덤으로는
시집 가는 주인에게
묻지도 않고
따지지도 않고
덩달아 몸종으로
딸려가던 덤이 있다

주님의 뜻으로 산다는데
주님의 뜻대로는 못 사는지
따지고 보면 모두가 덤인 삶인데
덤덤히 산다 해야 하거늘
저마다 저들끼리
주인이라 거니 주인이시라 거니
법석이며 비비적대며 거들먹이며
거저먹거나 거저먹이며
요리 조리 헤치며 해치며
산다

덤은 덤이나 빌붙지 않고
달리어 가나 폐 끼치지 않고
해치지 않고 도와서 법석이지 않고
거들먹이지 않고 너 주고 너 받고
너 즐겁게 너 기쁘게 덤덤히
산다

인생

허름한 등불 따라 돌아든
어디인지 모를 도회지 골목
마지막 뒤따르던 발걸음소리
아직 감감한 하룻밤
이름도 모를 여관방에
몸을 길게 누인다
가장 낮은 높이로
가장 얇은 넓이로
바닥과 나란히
몸을 눕힌다
나를 맡긴다
벗어놓고 부려놓고
내일마저 걸어놓고
잠들려 한다
잠과 잠 사이
잠깐을 살고
사이일지 온통일지
잠을 자려 한다
이승인지 저승인지
잠깐 멀미가 인다

부대끼며

사람들 사이를 빠져 나오며
둘레 둘레 보면
그리 어설지도 않은 얼굴들
콩나물시루 같은 세상
구속이 있음으로 존재하는 우리는
그러므로 우리를 느끼지 못하고
나의 부피로 남의 부피만큼
서로 숨가빠 하며
어둠의 한낮을 머리에 이고 지냈다

부대끼며
우리는 왜 마냥 발돋움으로 서는가
자신은 벗기우고 껍질은 두려하는가
숨이 턱에 닿아 고개를 치키며
그래도 찾아야할 빛의 향수가
먼 이브의 기억으로 남아
또 오늘을 사는가

뿌린대로 거두리라

산과 들은
누렇게 마르고
입고 벗기를
또 몇 번이나 거듭하여
내 곤한 육신을 베게 삼아
아른히 잠들꺼나
가쁜 숨결이나
바튼 입김으로도
무엇 때문에
굽이굽이를 다 돌아왔는지
무슨 생각에
그리 지쳐왔는지를 모른다

예정된 몫으로 살고
미련을 모를 때
남는 것은 아름다워라
알지도 못하는 이의
또 다른 나를 위하여

뿌린대로 거두리라

허기로 힘을 돋우고

오기로 견디며
허겁지겁 발을 옮겨
오늘 여기까지 왔는데
이제는
머물다 갈
사랑도 하고 싶어라

시인 김상문

서울공대(1976 졸업)
건축기술사(대우건설)
박물관 · 미술관 학예사(서울시립대박물관)
E-mail : himoon25@naver.com

김상문 시집 | 사랑하는 것에는 이름이 있다

펴낸날 : 서기 2012년 12월 20일 초판 1쇄
지은이 : 김상문
펴낸이 : 현상선
펴낸곳 : 도서출판 비움과 채움
㉾ 132-792 서울시 도봉구 창4동 807
쌍용상가 2층 213호
전화 : 02-999-0053 전송 : 02-998-3622
전자주소: ranto@hanmail.net
등록 : 제7-281호 (2004. 6. 7.)
ISBN 978-89-93104-27-1 03810

값 9,000원